Veo, veo colas

Lada Josefa Kratky
Ilustrado con fotos

HAMPTON-BROWN BOOKS
FOR BILINGUAL EDUCATION

Quien sabe dos lenguas vale por dos.®

Veo una cola larga.

Veo una cola corta.

Veo una cola larga.

Veo una cola corta.

Veo una cola larga.

Veo una cola corta.

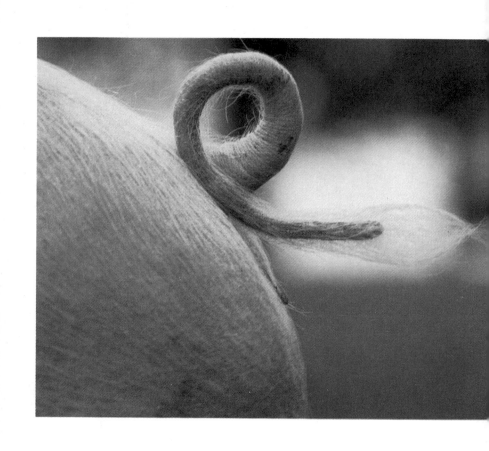

¡Veo una cola chistosa!